GRafiti de la Victoria

Edificio De Fé

Diario y Libro Para Colorear

FROM THE CREATE YOUR OWN GRAFFITI SERIES

ola
PUBLISHING
INTERNACIONAL

ISBN: 978-1-61244-977-7

ola
PUBLISHING
INTERNACIONAL

Eugenio Sue 79, Int. 104, Colonia Polanco,
Ciudad de México, México 11550
México: 55-5250-8519
www.holapublishing.com

Impreso y encuadernado en los Estados Unidos de América

Introducción

Mi propósito en este libro es resaltar las palabras de aliento, la verdad y el amor de Dios de una forma visual e impactante. De ahí salió *Grafiti de la Victoria*. El mensaje está oculto en el grafiti y tu habilidad para buscarlo y darle vida con los colores que elijas lo hará aún más personal e impactante. Una página de diario complementa cada "muro" de fé para que pueda crear su propio "grafiti."

TABLA de CONTENIDO

GRafiti de la Victoria

Construyendo la fe

TABLA de CONTENIDO

GRafiti de la Victoria

Diario de actividades

TUERCAS Y PERNOS

IMPACTANTE

DIVERSIÓN CREATIVA

¡NOS HACE PENSAR!

COLORES INSPIRADOS

CONSTRUCTOR DE LA FE

¿QUÉ ES EL Color?

UNA COMBINACIÓN ESPECÍFICA

EL MATIZ. LA SATURACIÓN,

Y LIGEREZA O

→ BRILLO

CONSTRUYE TU FE

ENCUENTRA EL MENSAJE

COLOREA EL MENSAJE

APLICA EL MENSAJE

EL MENSAJE ESTÁ EN EL GRAFITI

ABUNDANCIA DE FAVORES

¡ÉL ESTÁ SEÑALES

DE SU MARAVILLAS

LADO! ESTAR INMERECIDO.

GRACIA DESPIERTO

SOBRE

GRACIA Amén REGALO GRATUITO

ENFOCATE EN EL PADRE

WG DIOS ES PARA TI

Romanos 8:31 ESV

¿Si Dios es para nosotros, ¿que puedo estar en contra de nosotros?

(Recomendado) Proverbios 21:21, Filipenses 4:13, 2 Timoteo 1:7

¿Qué hace Dios en tu vida? . . .

Grafiti de la Victoria

9

CUANDO NO TE RINDAS INTOCABLE

LLUEVE NO TE

FE → HACEDOR DE

DIOS CAMINOS

EL GUARDIÁN

TE ← DE TU

TIENE ALMA

CUBIERTO

NO VIVAS PREOCUPADO

Filipenses 4:6 ESV

No estén ansiosos por nada, sino en todo por la oración y la súplica con acción de gracias que sus peticiones sean hechas a conocer a Dios.

(Recomendado) 1 Pedro 5:7, Juan 14:27, Mateo 13:22

¿Por qué no te preocupas?...

GRafiti de la Victoria

¡GLORIA A DIOS!

UN MOMENTO COMO ÉSTE

MOMENTO DECISIVO

SÉ VALIENTE

¡NO TEMAS!

CONFIA EN

REDENCIÓN

LEVANTA EL ESTANDARTE

MI GUERRERO

WG ELEVAR EL ESTÁNDAR

2 Timothy 1:7 ESV
Porque Dios nos dio un espíritu no de temor, sino de poder, amor y autocontrol.

(Recomendado) 1 Juan 1:9, Efesios 4:26, Proverbio 22:15

Maneras en que Dios me está equipando para elevarme más alto?...

Grafiti de la Victoria

¡PONTE UN BUEN NOMBRE ES MEJOR QUE

DE PIE! LIBRES

COMODIDAD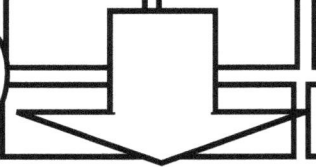

U ORO LIBREMENTE

O PLATA DESAFÍO

CAMBIA DE CORAZÓN

CAMBIAR EL RUMBO

 HABLAR

PROVERBIOS 22:1 VERDAD

14

Juan 15:19 ESV
Si fueras del mundo, el mundo te amaría como propio; pero como no eres del mundo, pero te elegí fuera del mundo, por lo tanto el mundo te odia.

(Recomendado) Mateo 16:26, Juan 12:46, Marco 8:36

Mi nuevo comienzo se ve así...

Grafiti de la Victoria

DEFENSOR ÉL

¡NO PREGUNTES, CREE!

RESPONDE LA LLAMADA

TOMA EL PROBLEMA PSALM 68:5

Y CONVIÉRTELO EN TU HISTORIA

¡ESTOY EN ESTO PARA GANAR!

PADRE DE LOS SIN PADRE Y PROTECTOR DE VIDAS

GRACIA PARA TODA ETAPA

A PRUEBA DE LEONES

¡EL FINAL DE TU CAMINO ES VICTORIA!

DE LA FE

¡NO TE DETENGAS!

WG DEFENSOR

Salmos 18:1-2 ESV

Te amo, Oh Señor, mi fuerza. El Señor es mi roca y mi fortaleza y mi libertador, mi Dios, mi roca, en quien me refugio, mi escudo, y el cuerno de mi salvación, mi fortaleza.

(Recomendado) Filipenses 4:7, Romanos 15:13, Mateo 25:31-46

¿Cómo te ha defendido Dios de la destrucción?...

GRafiti de la Victoria

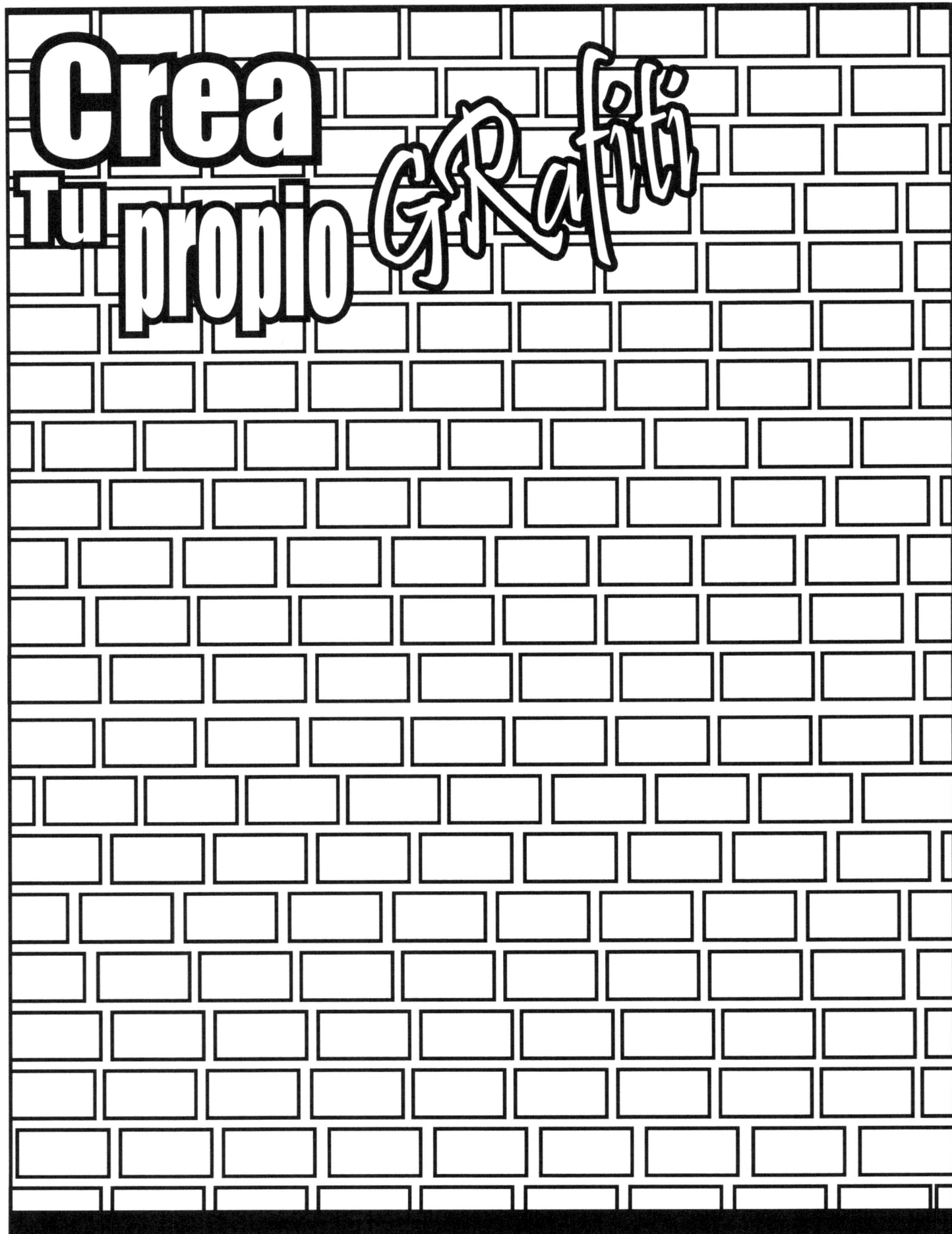

Crea Tu propio GRafiti

18

Crea Tu propio GRafiti

¿Qué te está enseñando Dios?

DIOS ES ORAR NUNCA

CONFIABLE CEDAS

TODOS LOS DÍAS

AMABILIDAD

NO TENER AMAGURAS

DOMINIO PROPIO

ESPERANZA QUE SURGE DE LAS CENIZAS

¿Cómo caminas?

NO ES

BASURA

PERDONAR EN PAZ

CANTIDADES LOAS

REBALSAR

20

WG NO HAY BASURA

Filipenses 4:8-9 ESV
Por último, hermanos, sea lo que sea cierto, lo que sea honorable, lo que sea justo, lo que sea puro, lo que sea encantador, lo que sea encomiable, si hay alguna excelencia, si hay algo digno de alabanza, piensen en estas cosas.

(Recomendado) Juan 6:27, Proverbios 4:23, Salmos 23:1-6

¿Cómo mantienes la basura fuera de tu vida?...

GRafiti de la Victoria

21

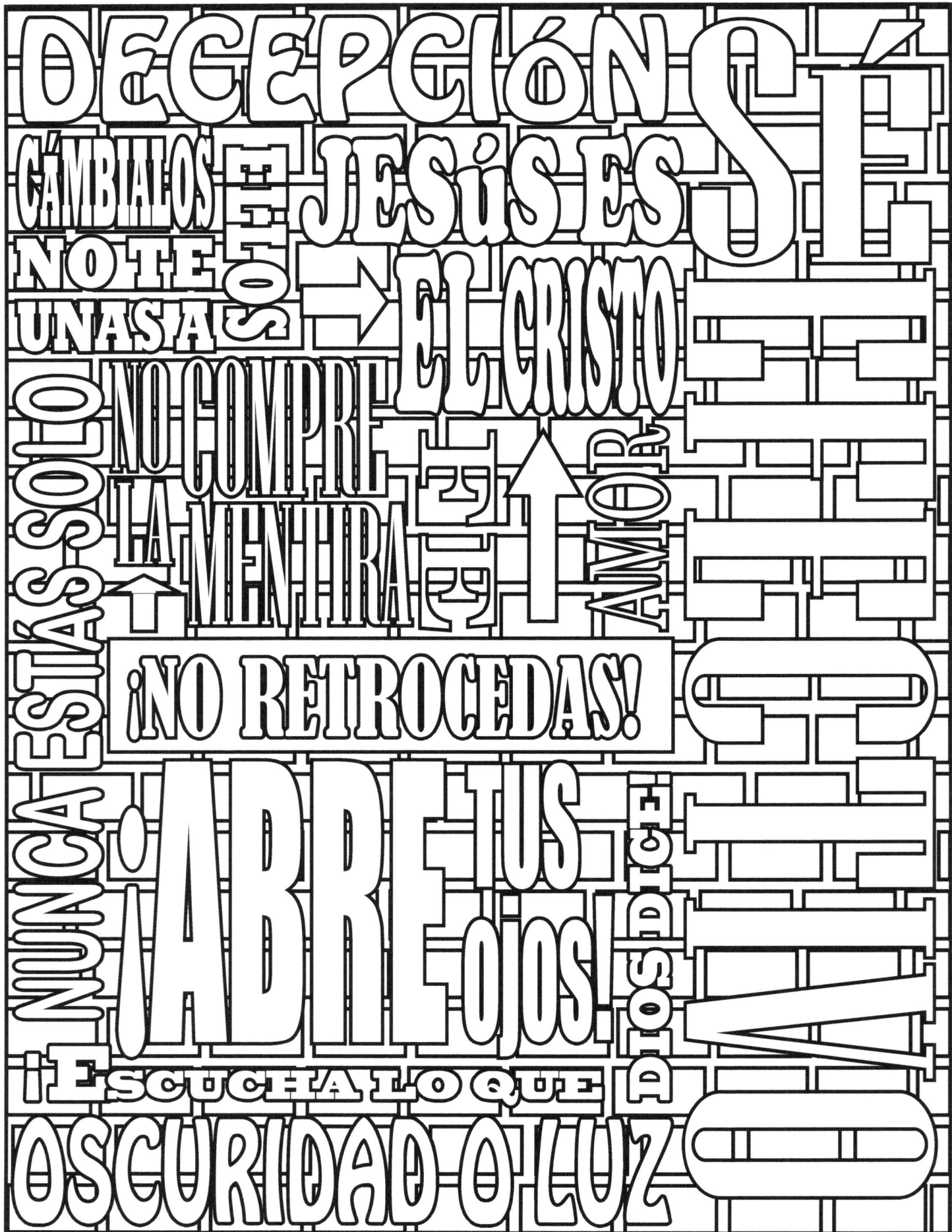

DECEPCIÓN

SÍ

CÁMBIALOS

ELLOS

JESÚS ES

EL CRISTO

NO TE UNAS A

NO COMPRE

EL

AMOR

LA MENTIRA

EN

AMOR

¡NO RETROCEDAS!

¡ABRE TUS OJOS!

NUNCA ESTÁS SOLO

DIOS DICE

ESTÁS SOLO

¡ESCUCHA LO QUE

VIVO

VIVO

OSCURIDAD O LUZ

222

Mateo 6:22-23 ESV

El ojo es la lámpara del cuerpo. Así que, si tu ojo está sano, todo tu cuerpo estará lleno de luz, pero si tu ojo es malo, todo tu cuerpo estará lleno de oscuridad. Si entonces la luz en ti es oscuridad, ¡cuán grande es la oscuridad!

(Recomendado) Efesios 18:1-7, Proverbios 4:1-27, Isaías 12:1-6

¿Qué mentiras creo de mí mismo?

GRafiti de la Victoria

TÚ
DIFERENTE
ACTIVAR
INTEGRIDAD
PROMOVER SU REGINA

ERES

NO PUEDES
NO TENER MIEDO
REESCRIBIR

LA
PALABRA
UNA NACIÓN
BAJO
¡PARE!
DIOS

TIENES
FARO
UN

SUPERADO

SÉ JUSTO

24

2 Corintios 8:21 ESV

Porque apuntamos a lo honorable no sólo a la vista del Señor, sino también a la vista del hombre.

(Recomendado) Lucas 16:10, Colossians 3:23, Salmos 25:22

¿Qué significa caminar con integridad?

de la GRafiti Victoria

¡TOMA TU POSICIÓN! ⬇

DIOS

DE LOS

¡VE! EJÉRCITOS DE SALMOS

ÁNGELES

JEHOVÁ ¿SABRÁ?

ÉL ES TODO

MI DIOS NUNCA FALLA

LE FE HABLA

SE

CÓMO TERMINA LA BATALLA

FINAL

NOSOTROS

HONOR

GANAMOS

DIOS PUEDE HACER

⬅

¡PRUÉBAME! AÚN MÁS

26

WG LLAMADO A PONERSE DE PIE

Corintios 15:58 ESV
Por lo tanto, mis amados hermanos, sean firmes, inamovibles, siempre abundando en la obra del Señor, sabiendo que en el Señor su trabajo no es en vano.

(Recomendado) Gálatas 6:9, Salmo 1:1, 2 Tesalonicenses 2:15

¿Qué es lo que esperas?...

Grafiti de la Victoria

SOBRESALE EN DAR

SOLTAR

¡SER ATREVIDA!

NINGÚN PENSAMIENTO DE DERROTA

EJERCITA LA FE ← AMÉN

MI DIOS PROVEERÁ

ÁNGELES LISTOS PARA LA BATALLA

NO HAY TEMOR

CÁSANO

SALMO 91st

VISIÓN

¡ESTÁ!

¡DIOS PERFECTA

NO HA TERMINADO!

El Hebreo 1:1 ESV
Ahora la fe es la certeza de las cosas que se esperan, la convicción de las cosas que no se ven.

(Recomendado) Proverbios 19:21, Filipenses 1:6, Josué 1:9

Creer ver a Dios hacer en mí...

GRafiti de la Victoria

QUITA HABLA SEÑOR, yo estoy escuchando

EL DESORDEN

PAZ NOSOTROS ¡NO TE

GANAR PODEMOS LO PIERDAS!

ALMAS REMOJAR

TODAVÍA PEQUEÑAS

SÓLO UNA PALABRA PARA CAMBIAR TU MENTE

¡VAHORA BUSCA!

EN VOZ ALTA VOCES

PRESTA MUCHA

ATENCIÓN

ERES NUESTRO REFUGIO

¡no te → vayas!

30

WG ESTOY ESCUCHANDO

Jeremías 33:3 ESV
Llámeme y le contestaré, y le contaré cosas grandiosas y ocultas que usted no ha conocido.

(Recomendado) 1 Timoteo 2:5, 1 Tesalonicenses 5:1-28, Romamos 8:26-28

¿Qué es lo que Dios te está hablando?

GRafiti de la Victoria

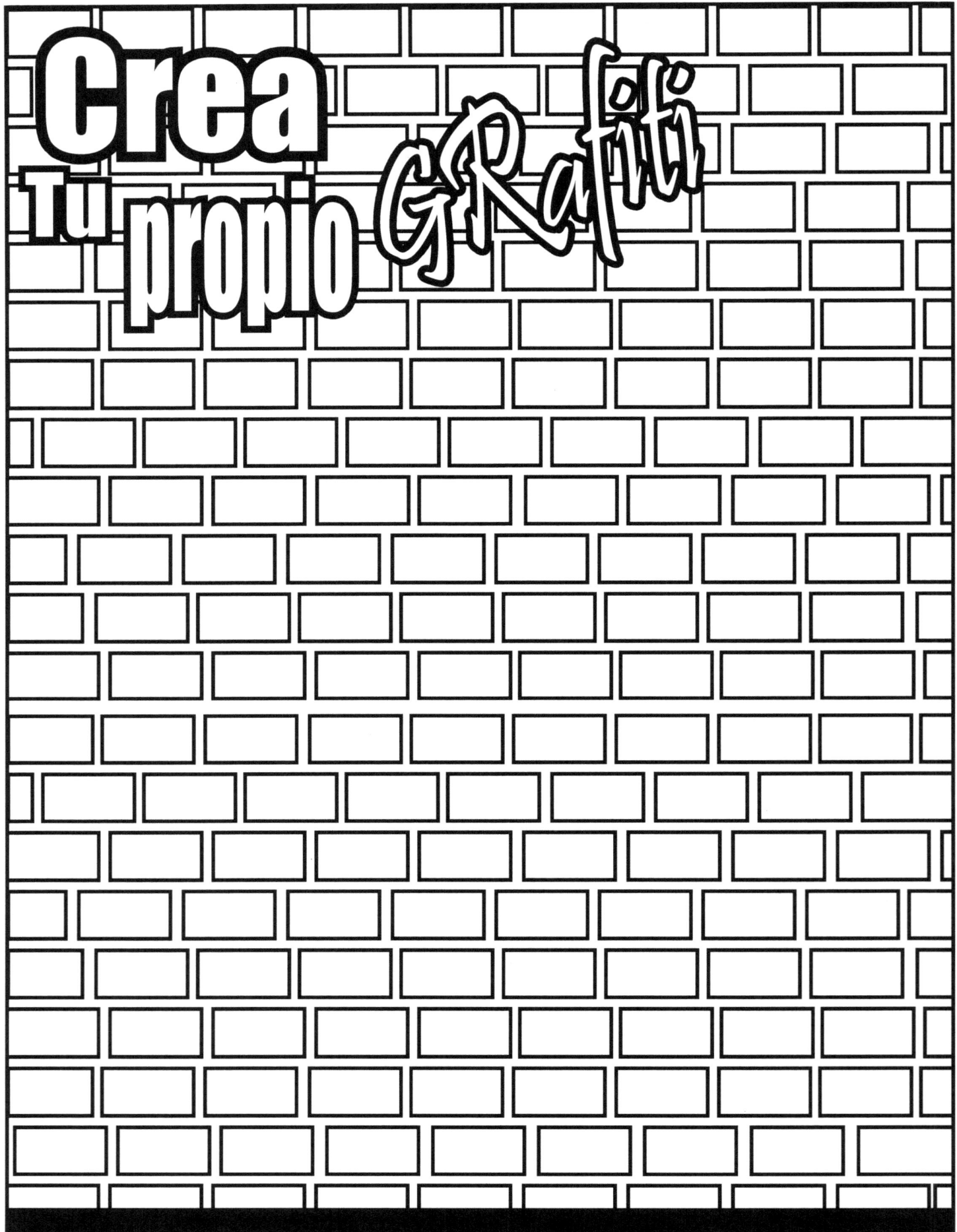

Crea Tu propio GRafiti

32

Crea Tu propio GRafiti

¿Qué te está enseñando Dios?

SOY QUIEN SOY

CONECTADO

ROMPE TODAS LAS

OMNIPRESENTE

BARRERAS RUIDO

RUIDO

JUAN 15:5

SECUELA HAY LÍMITES

YO SOY LA VID, USTEDES LOS PÁMPANOS O RAMAS

DISTRACCIÓN

PARA DIOS NO HAY NO HAY NO SOLO CON

NO PUEDES DE ESTOY,

ESCAPARTE DIOS AQUI

ESPERA ¡DESPIERTA!

Job 26:7-14 ESV
Se extiende hacia el norte sobre el voida y cuelga la tierra en la nada.

(Recomendado) Romanos 1:20, Mateo 19:26, Génesis 1:1-31

¿Cómo es Dios ilimitado?

GRafiti de la Victoria

¿ESTÁS CORRE CON LA
ENFOCADO CORRECTAMENTE? VISIÓN

MAS ALLÁ DE LAS EXPECTATIVES

VISIÓN 2020

¡NO TE PREOCUPES!

SALMOS 30:5 ESV

FAVORES Y BENDICIONES

POR LA NOCHE DURARÁ EL LLANTO,
Y A LA MAÑANA VENDRÁ LA ALEGRÍA.

QUITA CORTINAS

LAS

¡SÉ FELIZ!

¡HABLA! ¡HABLA!

36

WG | ¿NO LO VES?

Isaias 43:19 ESV
He aquí, estoy haciendo algo nuevo; hora surge, ¿no lo percibes? Haré un camino en el desierto y ríos en el desierto.

(Recomendado) Lucas 1:37, Jeremias32:17, 2 Corintios 5:17

Cuento con estas promesas de Dios...

GRafiti de la Victoria

LA FIDELIDAD ¡GRACIAS!
PRODUCE →
FRUTOS ÉL

EXALTA SU OBEDECE
NOMBRE DESCANSA IN
ÉL EL EVANGELIO SIMPLE

BENDICIONES ABUNDANTES
AVANZA
DIOS TU AMOR TOMA UN
ESTOY NUNCA FALLA POCO
AQUÍ 1M DE ESO

PACTO EXPLOSIVO
MUÉVETE HACIA ADELANTE IMPACTO

38

Filipenses 3:14 ESV
Presiono hacia la meta para el premio de la llamada ascendente de Dios en Cristo Jesús.

(Recomendado) Salmos 119:105, Isaías 43:18-19, Gálatas 2:20

Así es como estoy avanzando para cumplir el propósito de Dios para mí...

GRafiti de la Victoria

HAZ RUIDO

LLENO DE

ALEGRÍA

SATURADO

NO ME

CORRECCIÓN DE LA DIRECCIÓN

NI MI VOLUNTAD

GRACIA

ADMIRABLE

ADMIRABLE

PREOCUPARÉ

O TENDRÉ

ÉL ES MI AYUDA

TEMOR

SALMO 121:2

LIBRE

PORTADOR DE LUZ

¡PERMITE QUE LA GENTE TE ALABE, OH DIOS, SÍ, QUE TE ALABEN!

WG | DIOS, ES MI FUENTE

Santiago 1:5 ESV

Si alguno de ustedes carece de sabiduría, que le pregunte a Dios, que da generosamente a todos sin reproche, y se le dará.

(Recomendado) Salmo 121:2, Efesios 2:8, Isaias 30:18-19

Dios, necesito ayuda con esto...

GRafiti de la Victoria

ORA HOY EL PODER EL TE HA LLAMADO

EL PADRE SIEMPRE ESTÁ DE DIOS

¡PELEA ÉL ES UN TRABAJANDO

BUEN

PARA GANAR ABRASADOR PADRE Y O

ESTARÉ

UN FUEGO CONTIGO

HAZ UNA DIFERENCIA

TE VOLVISTE REAL

CORRE

42

WG | UTILIZADO POR DIOS

1 Pedro 3:15-16 ESV
Pero en vuestros corazones honran a Cristo Señor como santo, siempre estando preparados para hacer una defensa a cualquiera que te pida una razón para la esperanza que hay en vosotros; sin embargo, hazlo con gentileza Y respeto.

(Recomendado) Isaías 41:10, Juan 15:13, Efesios 5:8

¿Cómo quiero marcar la diferencia para Dios?...

de la GRafiti Victoria

VERDAD BÍBLICA

GUERRA AYUDA A OTROS ESTÁ BIEN

LOS CORAZONES NO TE DOBLES

ESTÁN

ABIERTOS EVITA LAS ORA POR AMÉRICA

ELIGE HOY A QUIEN SERVIR

DECEPCIONES!

PERSONAS NO REESCRIBIR

DEL REINO

PERSONAS PERDIDAS

vs

Efesios 4:15 ESV
Más bien, hablando la verdad en el amor, debemos crecer en todos los sentidos en aquel que es la cabeza, en Cristo,

(Recomendado) Romanos 10:9, 1 Juan 2:15, 1 Corintias 13:6

¿Qué es lo que creo?...

Grafiti de la Victoria

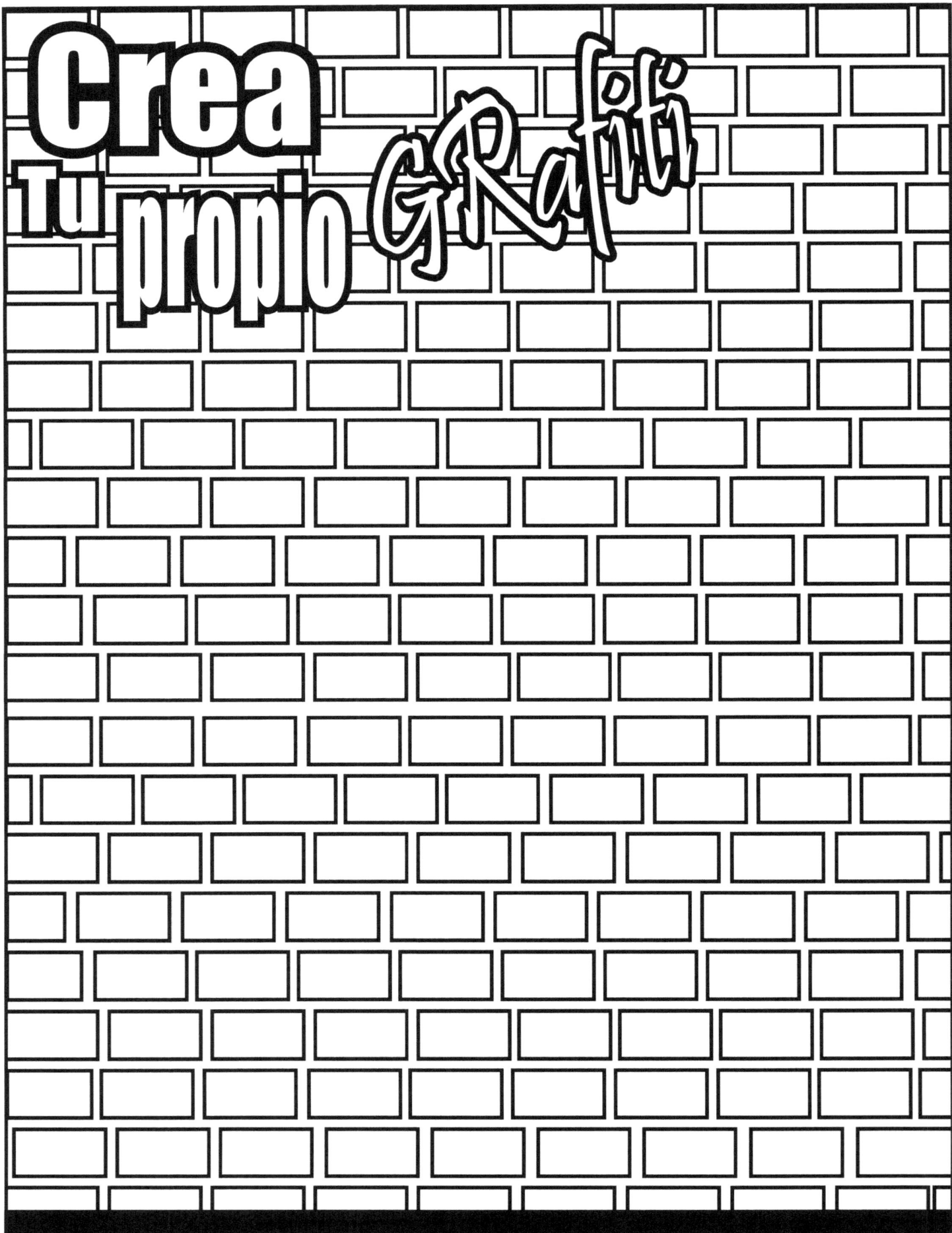

Crea Tu propio GRafiti

Crea Tu propio GRafiti

¿Qué te está enseñando Dios?

BUSCA A DIOS

ELECCIÓN EQUIVOCADA

CAMINO FÁCIL

CAMINA HACIA LA LIBERTAD

LIBERTAD

DIOS ES MI FORTALEZA

ELECCIÓN EQUIVOCADA = CAMINO FÁCIL

HAZ LO CORRECTO

¡MUÉVETE HACIA ADELANTE!

¡SACA LA INMUNDICIA FUERA DE TU

VIDA! LIBERTAD

PASO A LA LIBERTAD

48

Isaías 55:8-9 ESV
Porque mis pensamientos no son vuestros pensamientos, no son vuestros caminos, declara el Señor. Porque como los cielos son más altos que la tierra, so son mis caminos más altos que tus maneras y mis pensamientos que tus pensamientos.

(Recomendado) Juan 14:6, Isaías, 55:9, Jeremias 29:11

Decisiones diarias que puedo tomar para caminar a su manera...

GRafiti de la Victoria

CONTINÚA SIENDO SIEMPRE FIEL

ALCÁNZALO Y ¡CONSÉRVALO!

AMA A TUS HERMANOS Y HERMANAS 2 CRÓNICAS 20:20

NO CONDENACIÓN

¡LIBERTAD!

RELACIONES

ÁMENSE UNOS A OTROS

REGALO GRATUITO

TIRA TUS CADENAS

SALVACIÓN ¿NO?

JESÚS HERMANO AMIGO

VUÉLVETE MÁS LUMINOSO

WG CREER=TENER ÉXITO

2 Crónicas 20:20 ESV
¡Escúchame, Judá y los habitantes de Jerusalén! Creed en el Señor tu Dios, y serás establecido; creer a sus profetas, y usted tendrá éxito.

(Recomendado) Hebreos 11:6, Proverbios 16:3, Salmos 37:4

¿Qué se inter está interponiendo en tu camino?...

GRafiti de la Victoria

UN ENCUENTRO SU VOLUNTAD, SU

¡INTÉNTALO!

NO PUEDES DETENER LA PROMESA DE DIOS

ÉL NO TIENE IGUAL O RIVAL

NADA PROPÓSITO

NO ES DESCARGAR IMPOSIBLE

EL RELATA AUTOR

¿CÓMO TE VE TU PADRE?

TÚ ERES

ÉL

HARÁ

IMPORTANTE LIBRE

Y EL FINALIZADOR

¿CÓMO TE VE TU PADRE? RESPIRA

52

WG | TE TIENE A TI

Sofonías 3:17 ESV
El Señor vuestro Dios está en medio de vosotros, un poderoso que salvará; se regocijará por ti con alegría; te calmará con su amor; se regocibará sobre ti con un fuerte canto.

(Recomendado) Juan 14:23, Salmos 103:13, 1 Juan 4:16

¿Cómo te ve el padre?...

GRafiti de la Victoria

DIOS TOCA, SANA Y BENDICE

DEUDA SU GRAN AMOR

CANCELADA AMOR

EL FAVOR DE

LOS PLANES DEL

PADRE

LA OSCURIDAD
FUE ECHADA FUERA

BUSCA Y
SALVA
A LOS
PERDIDOS

¿SIENTE USTED UNA

EL PODER DE

YO SOY LIBRE

¿SACUDIDA?

54

Isaías 41:10 ESV

No miedo, porque estoy contigo; no estoy consternado, porque yo soy tu Dios; Os fortaleceré, os ayudaré, os defenderé con mi justa mano derecha.

(Recomendado) Isaías 61:1, 1 Pedro 2:9, Salmos 82:3-4

¿Maneras en que ha venido a tu recate?...

GRafiti de la Victoria

¡MANTÉN NO SE PUEDE TU REESCRIBIR CORAZA ALTA!

MANTÉN TU POSICIÓN

DIVULGA LAS BUENAS GUERRERA

NUEVAS! TODAS LAS

¡ESTÁ SIEMPRE ALERTA!

FE

COSAS TRABAJAN JUNTAS PARA BIEN

OREN PAZ UNOS POR OTROS

YO SOY EL CAMINO Y LA VERDAD

Filipenses 1:6 ESV

Y estoy seguro de esto, que el que comenzó un buen trabajo en usted lo llevará a la terminación en el día de Jesucristo.

(Recomendado) Juan 10:10, Romanos 16:20, Apocalipsis 20:10

Cosas que Dios ha empezado y terminado en mí...

de la GRafiti Victoria

LEALTAD REY DE REYES AUMENTAR

SE EL HONOR

NECESITA PADRE ME EL REPORTE

FE AMA NO

HÁBLAME NO IMPORTA

HAY OBSTÁCULOS

PARA DIOS

HÁBLAME HOY

58

Filipenses 4:6-7 ESV

No se preocupan por nada, sino en todo por la oración y la súplica con acción de gracias, que sus peticiones sean hechas saber a Dios. 7 y la paz de Dios, que sobrepasa toda comprensión, protegerá vuestros corazones y vuestras mentes en Cristo Jesús.

(Recomendado) Deuteronomio 31:8, 1 Corintios 10:13, 1 Pedro 2:24

Así es como Dios me ayuda a superar...

GRafiti de la Victoria

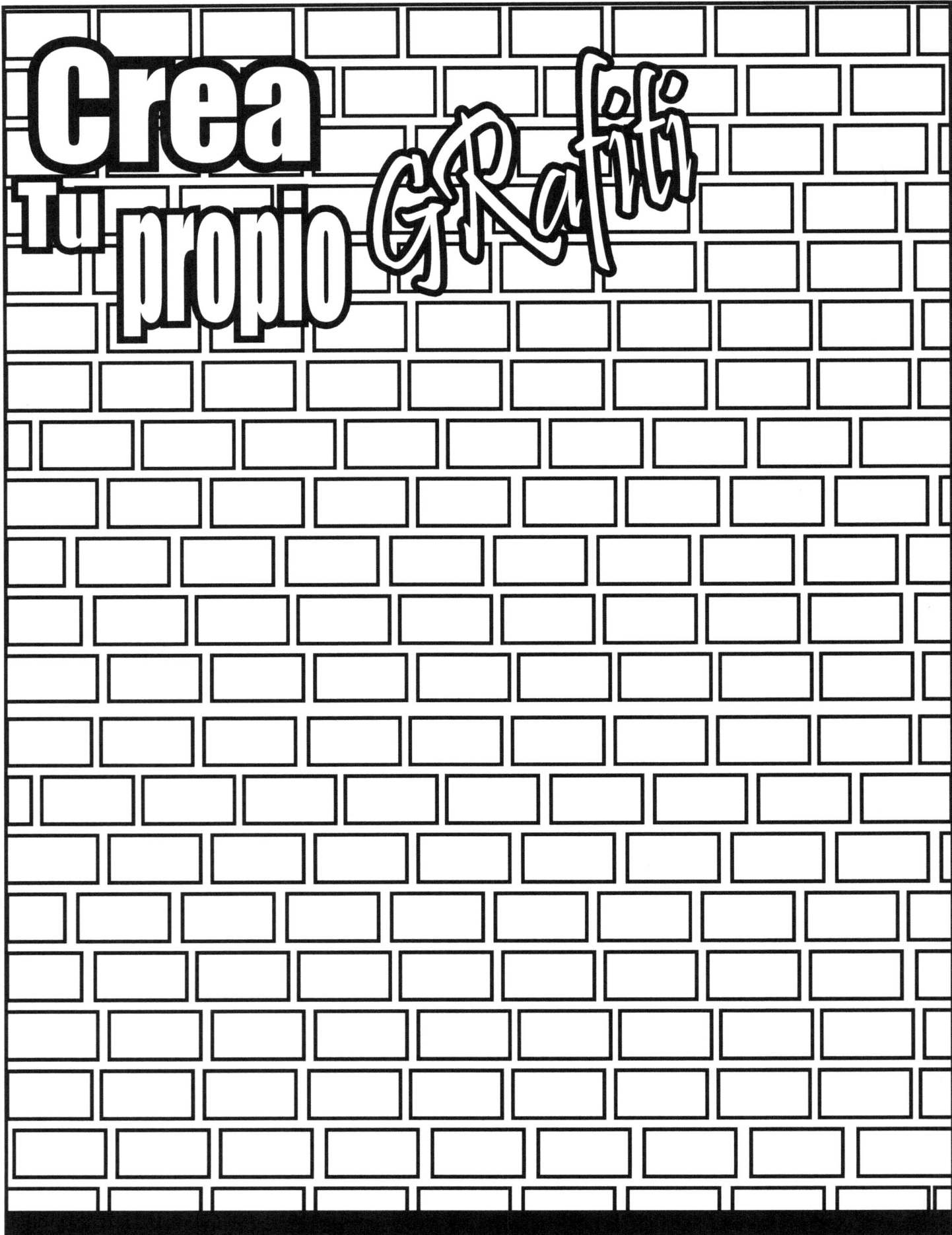

Crea Tu propio GRafiti

Crea Tu propio GRafiti

¿Qué te está enseñando Dios?

GUARDA MIS BENDICIONES

MANDAMIENTOS

PADRE

DAR

PLENITUD

↓

MISERICORDIA

VUELVE LA OTRA MEJILLA

¡NO JUZGUES!

MI PALABRA

VIDA

A S O M B R O

AMA A TUS ENEMIGOS

BENDICE A LOS QUE TE MALDICEN

PERDONA

GOZO

HAN VISTO AL PADRE

VIDA = SANGRE

HAZ EL BIEN

SI ME HAN VISTO A MÍ, ↑

62

El Efesios 5:2 ESV
Y caminad enamorados, como Cristo nos amó y se entregó por nosotros, una ofrenda fragante y sacrificio a Dios.

(Recomendado) Romanos 12:2, Filipenses 4:8, Jaun 15:19

¿Qué significa imitar a Jesús?...

Grafiti de la Victoria

EL AMOR NACER NUEVA DE NUEVO FAMILIA

CAMBIA MARCA

YO UNA

NO ABRE?

ELIGE A DIOS

ESTOY ACABADO

ELIGE LA VIDA

ESV

¡TAN BUENO!

NO SEAS VENCIDO DE LO MALO SINO VENCE CON EL BIEN EL MAL.

ROMANOS 12:21

DESCONECTA TUS OÍDOS

SAL Y LUZ

NADIE ESTA MAS ALTA DE LA REDENCIÓN

PORTADOR DE LA LUZ

LA SALVACIÓN ES GRATUITA

64

Efesios 4:23-24 ESV
...y que deben ser renovados en el espíritu de vuestras mentes, y ponerse el nuevo yo, que a semejanza de Dios ha sido creado en rectitud y santidad de la verdad.

(Recomendado) 1 Pedro 1:14, Santiago 1:22, Salmos 51:10

No donde quiero estar, pero éstos son mis objetivos...

GRafiti de la Victoria

CUANDO LOS SÍ SE BENDECIDO Y
MALVADOS
GOBIERNAN EL GEMIDO PRÓSPERO
SIN SEMILLA GENTE → DA HAZ EL BIEN
DIOS ES MI UN DO RICE
NO HAY COSECHA FORTALEZA PASO!
USA TU DIVINAS
INFLUENCIA
MANERAS
CONFÍA EN EL SEÑOR

LA DECISIÓN CORRECTA EL CAMINO DE DIOS
LA DECISIÓN EQUIVOCADA EL CAMINO FÁCIL

AVANZA

EL SIEMPRE ESTÁ OBRANDO

DEJA UN IMPACTO - VETE A LO GRANDE O VETE A CASA

Mateo 5:13-16 ESV

Tú eres la sal de la tierra; pero si la sal se ha vuelto insípida, ¿cómo se puede volver salada de nuevo? Ya no es bueno para nada, excepto ser expulsado y pisoteado por la gente...

(Recomendado) Filipenses 2:13, Santiago 1:12, Mateo 28:19

¿Cómo puedes dejar que tu luz brille para que otros la vean?...

GRafiti de la Victoria

¡EL AMOR NO GUARDA RENCOR

¡AMÉN

¡MARAVILLOSO!

ÉL ES PERFECTO

¡MANTIENE SUS OJOS EN TI"

"LA VERDAD TE HARÁ LIBRE".

¡TODO VA A ESTAR BIEN!

TU PLAN
TU
VOLUNTAD

¡EXÁLTALO!

¡TAN PODEROSO!

¡QUÉ NOMBRE

DIOS

¡NADIE COMO

"LA VERDAD Y LA VERDAD

¡INIGUALABLE!

¡INCOMPARABLE!

JUAN 8:32

TÚ

"CONOCERÁS

Jeremías 10:6-10 ESV

No hay ninguno como Tú, Señor; Es genial, y tu nombre es genial en poder. ¿Quién no te temería, Oh Rey de las naciones? Para que es su debido! Para todos los reyes magos de las naciones Y en todos sus reinos, No hay ninguno como Tú.

(Recomendado Samuel 7:22, Actos 4:12, Isaías 52:7

Maneras en que Dios te ha mostrado sus buenas noticias...

GRafiti de la Victoria

EL PADRE

EL PADRE

EL PADRE

EL PADRE

NUNCA

CUANDO TODA ESPERANZA SE HA IDO, CREE

DIOS TODAVIA BENDICÓ

DIOS

HABLA INCLUSO EN LA

ME ENCANTA ADORAR

SUSTENTO

NO RETROCEDAS

TORMENTA

HAZ LO QUE QUIERAS

TORBELLINO

Lamentations 3:22-23 ESV
The steadfast love of the Lord never ceases; his mercies never come to an end; they are new every morning; great is your faithfulness.

(Recomendado) Salmos 55:22, Juan 6:35, Juan 11:25-26

Miedos que le das a Dios...

de la
GRafiti Victoria

Crea Tu propio GRafifi

Notas del Sermón

"Recuerden no las cosas anteriores, nor consideren las cosas de antaño. He aquí, estoy haciendo algo nuevo; hora surge, ¿no lo percibes? Haré un camino en el desierto y ríos en el desierto."
Isaías 43:18-19 ESV

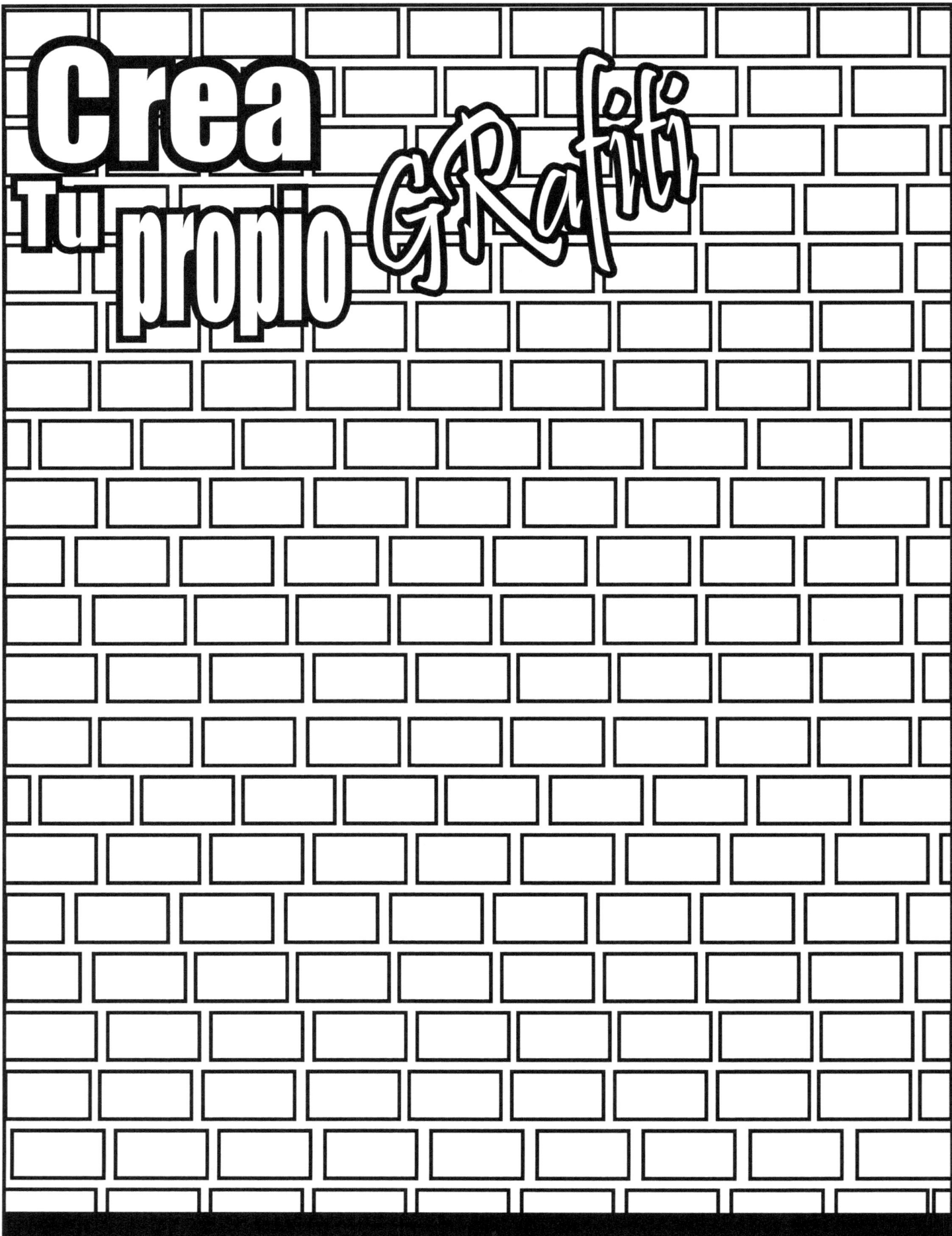

Crea Tu propio GRafiti

Notas del Sermón

Todo buen regalo y cada regalo perfecto es de arriba, bajando del Padre de las luces, con quien no hay variación o sombra debido al cambio. Santiago 1:17 ESV

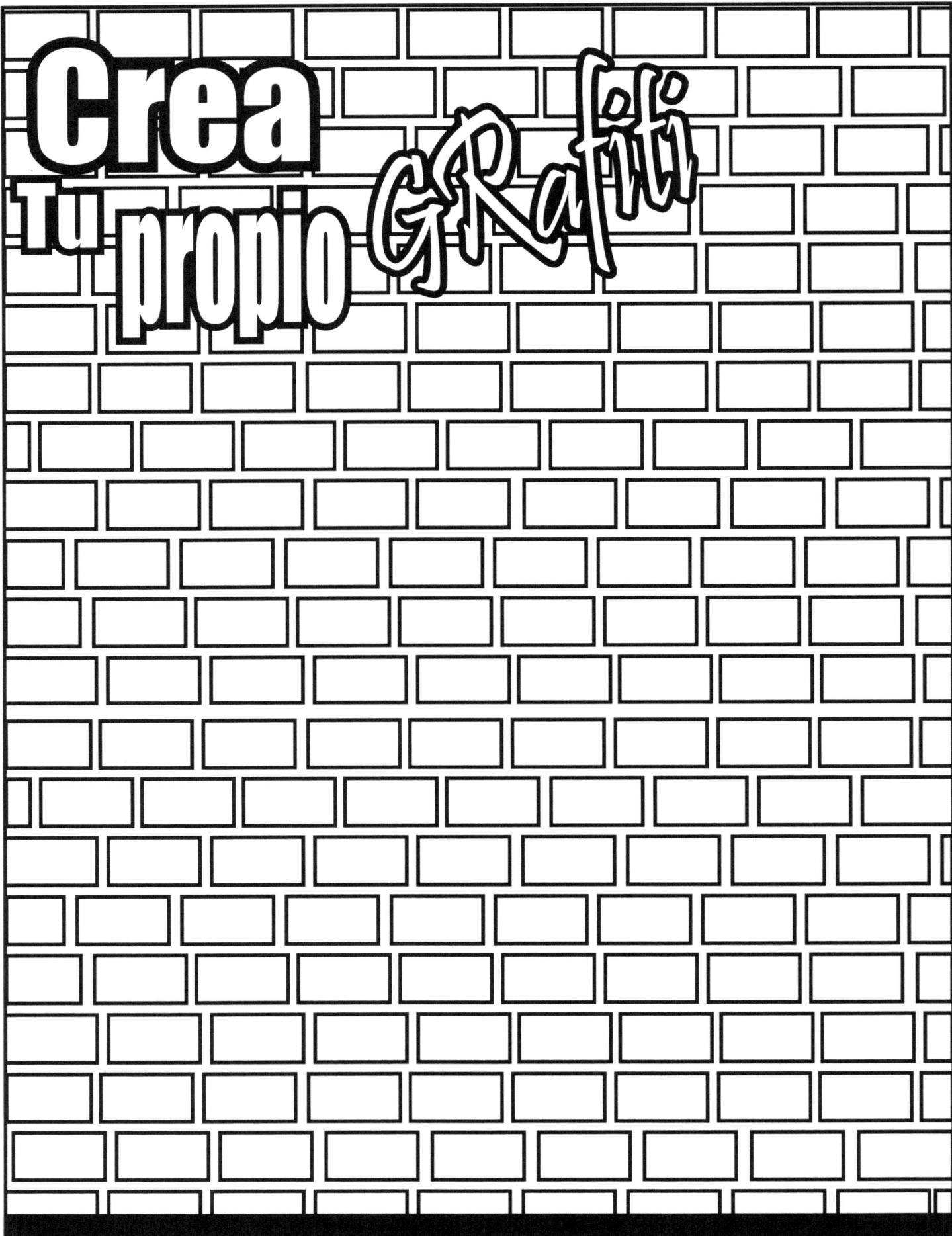

Crea Tu propio GRafiti

Notas del Sermón

"El Señor os bendiga, y os guarde; El Señor hace que Su rostro brille sobre ti, Y sé amable contigo; El Señor levanta Su rostro hacia ti, y darte paz".
Números 6:24 ESV

www.ingramcontent.com/pod-product-compliance
Lightning Source LLC
Chambersburg PA
CBHW060901090426
42738CB00025B/3488